MÉTHODE

POUR EXERCER L'OREILLE

A LA MESURE,

DANS L'ART

DE LA DANSE.

MÉTHODE

POUR EXERCER L'OREILLE

A LA MESURE,

DANS L'ART

DE LA DANSE.

Par M. BACQUOY-GUÉDON, ci-devant Danſeur du Théatre Francois.

Le Prix eſt d'une livre ſeize ſols Broché.

A AMSTERDAM,

Et ſe trouve à Paris, chez VALADE, Libraire, rue Sait Jacques, vis-à-vis la rue des Mathurins.

MÉTHODE POUR EXERCER L'OREILLE A LA MESURE, DANS L'ART DE LA DANSE.

ES bornes que me preſcrit le titre de ce petit Ouvrage, ne me permettent point d'entrer dans un grand détail ſur l'Art de la Danſe. Il me ſuffira de dire que ſon origine remonte juſqu'aux premieres ſociétés ; & que la voix & le geſte, interpretes des paſſions, auſſi anciennes que les hommes, ont produit naturellement le Chant & la Danſe, qui ne ſont autre choſe que le réſultat &

le témoignage expressif des différentes sensations reçues ou communiquées.

La Danse a suivi, dans ses progrès, la marche de tous les Arts puisés dans la nature ; d'abord des expressions simples, uniformes, mais pathétiques. Les besoins & les plaisirs des hommes s'étant bientôt multipliés avec leurs passions, les observations se sont aussi accumulées. Il a fallu recourir à la Méthode ; les principes, les regles se sont établis, & l'Art a servi de supplément à la nature. Ainsi s'est formée la Danse, qui fait maintenant un des principaux agrémens de la société.

Il n'est point de Nation, qui n'ait senti la nécessité de cet Art aimable. Il semble même avoir suivi les progrès de la civilisation chez les différens peuples ; & à mesure qu'ils se sont policés, la Danse a paru y devenir plus en honneur.

Les Grecs, les Romains, dans leurs jours les plus florissants, étoient d'excellens Danseurs. Nous ne leur en cédons guere aujourd'hui, nous autres François ; & l'on peut assurer, sans prévention, que nous avançons de jour en jour, à grands pas, à la perfection de cet Art. Au reste, il ne faut pas croire que les Anciens n'aient envisagé dans la Danse qu'un pur objet de plaisir.

Les avantages physiques qu'ils avoient en vue dans tous leurs exercices, ont dû la leur présenter comme une occupation essentielle. En effet, quand la Danse ne contribueroit qu'à faciliter la transpiration, qu'à donner plus de jeu aux articulations, plus de ressort aux muscles, enfin plus de souplesse & d'agilité aux différentes parties du corps, c'en seroit assez, je crois, pour prouver sa nécessité.

Quant à son utilité, elle est, ce semble, assez généralement reconnue. Et pourrions-nous en douter, nous, sur-tout, qui dans les choses d'agrément, avons su nous rendre, pour ainsi dire, nos voisins tributaires? En France, la Danse fait partie de la belle éducation : c'est elle qui donne cette démarche noble & ce maintien gracieux, si nécessaire pour s'annoncer dans le monde avec quelqu'avantage ; car l'on sait que notre premier abord décide souvent la bonne ou mauvaise opinion que l'on peut prendre de nous ; & à cet égard, la Danse paroît être d'une utilité presque générale. L'homme de mérite auroit même tort de la négliger : il doit se souvenir que le diamant le plus précieux resteroit brut, sans la main qui le polit, & que d'ailleurs un peu d'art ne sied pas mal aux dons même les plus précieux de la nature. Quant à ceux qui ont le malheur de n'en être pas favoriſés, on ne ſauroit trop leur recommander la culture d'un art qui les met à portée de compenſer, en quelque ſorte, par les qualités extérieures, ce qui leur manque abſolument du côté du fond.

Ce préambule, qui m'a paru néceſſaire, indique aſſez que mon but principal eſt d'augmenter le nombre des amateurs de la Danſe, en tâchant d'en rendre le goût plus général encore qu'il ne ſemble l'être. Mais il eſt indiſpenſable, pour remplir ces vues, de commencer par détruire les obſtacles qui pourroient en arrêter, ou du moins en retarder les progrès. J'en choiſis un ſeul, que je vais eſſayer de combattre, mais qui renſerme tous les autres, & qui me ſemble d'autant plus difficile à vaincre, qu'il paroît être fondé ſur un ancien préjugé preſque généralement adopté.

La plupart de ceux qui conviennent ſans peine de l'utilité, & même de la néceſſité de la Danſe, ſont en même-tems perſuadés qu'un certain nombre de perſonnes doivent abſolument renoncer à l'eſpoir d'y réuſſir jamais. Il ſemble, à les en croire, que la nature leur ait refuſé les qualités eſſentielles à l'exercice de cet Art.

Ce grand défaut conſiſte à n'avoir point ce que

l'on appelle de *l'oreille pour la mesure*. Ce vice est incurable, dit-on; & voici à peu-près sur quoi cette décision est fondée : *C'est qu'il n'est pas plus possible de donner de l'oreille pour la Danse à ceux qui en manquent*, que de rendre juste une voix naturellement fausse.

Outre que cette comparaison ne me paroît pas absolument exacte, je me contenterai de répondre, que la justesse ou la fausseté de la voix dépendent d'une bonne ou mauvaise organisation; que, lorsque l'organe est réellement défectueux, il faudroit pouvoir le réformer, afin de rendre la voix plus juste : mais il ne s'agit ici que de la fausseté apparente de l'oreille. Or, le remede peut être employé avec succès; car on peut assurer que l'oreille ne paroît fausse, que parce qu'elle n'a point été assez exercée; & comme dans la Danse, il ne s'agit que de l'habituer & de la rompre sur la mesure, on peut la lui rendre sensible, par une maniere particuliere de la faire battre; & c'est-là précisément l'objet que je me propose dans cette Méthode.

J'ai dit qu'il ne s'agissoit ici que de la *fausseté apparente de l'oreille*, car je ne prétends nullement produire, dans mon Éleve, une qualité que la seule nature peut nous dispenser; mais je cro du moins pouvoir développer, & même forcer le germe à paroître dans celui que personne n'en jugeroit susceptible.

Cette découverte me semble d'autant plus utile, qu'elle ne rebute, ni l'Écolier, ni le Maître. Combien de sujets ont été abandonnés sur un simple soupçon d'inaptitude, qui auroient pu s'illustrer dans la carriere agréable de Therpsicore.

Un long exercice dans l'art d'enseigner la Danse, joint au desir de me rendre utile à la société, m'ont fait réfléchir sur les moyens de remédier à cet inconvénient. Je me trouve en état, après une pratique constante, d'assurer maintenant le public, que je suis parvenu à mon but, & quelque désespéré que soit un sujet sur cet article, je réponds de le former entiérement. J'en ài un garant infaillible ; c'est une expérience plusieurs fois répetée, & presque toujours avec le plus grand succès (1).

---

(1) M. Rameau semble avoir pensé que l'on pouvoit former l'oreille à la mesure pour le Chant ou pour les Instrumens, à-peu-près comme je la forme pour la Danse ; & voici ce qu'il dit : Il seroit à propos que pour former l'oreille d'une personne, on lui laissât prendre, à sa discrétion, un mouvement égal, qui fût cependant un peu lent,

Tout le monde ſera à portée de s'aſſurer de mes principes, puiſque je les mets au jour ; & j'oſe eſpérer que déſormais on ne fera plus abandonner la Danſe à nombre de ſujets, par la raiſon ſi univerſellement reçue, qu'il eſt impoſſible

---

en ne lui faiſant paſſer d'abord qu'une note à chaque tems, ſoit en chantant, ſoit en jouant d'un inſtrument ; & lorſque l'habitude en feroit parfaitement formée, on lui en feroit paſſer enſuite deux, quatre, huit & ſeize à chaque tems, ſans changer le mouvement, en s'arrêtant à chacun de ſes paſſages autant de tems qu'il ſeroit néceſſaire, pour qu'il ne devînt qu'un jeu ; puis on lui en feroit paſſer trois & ſix de même qu'auparavant, les points, les ſyncopes, & autres paſſages de cette eſpece étant réſervés pour la fin ; après quoi il ne ſera pas difficile de lui faire répéter les mêmes choſes, dans un mouvement plus vif ou plus lent ; de lui faire ſentir les premiers & les derniers tems de chaque meſure, & de lui faire marquer par certains mouvemens de la main ou du pied, le tout ne dépendant que de la patience du Maître & de l'Écolier.

Ce grand homme ajoute encore ce qui ſuit : « Je crois » que ce petit avis, qui pourroit paroître hors de propos à » quelques-uns, ne déplaira pas à quelqu'autres, parce que » j'ai remarqué que beaucoup de perſonnes ſe dégoûtoient » de la Muſique, croyant que la nature leur refuſoit ce » qui ne dépend (comme l'on voit) que de l'habitude ».

Tiré du Traité de l'Harmonie, Liv. ſecond, pag. 151. par M. RAMEAU.

de bien danſer, lorſque l'on n'a point d'oreille pour la meſure.

Quelque prévenu que je puiſſe être en faveur de ma Méthode, je prie cependant les perſonnes qui pourront y trouver des défauts, de vouloir bien me communiquer leurs obſervations ; je recevrai toujours les avis des perſonnes éclairées, avec toute la gratitude poſſible.

Je me flatte encore que l'on ne me croira pas conduit par l'intérêt perſonnel, puiſque je mets tout le monde à portée de profiter de ma découverte ; & ſi je ſavois quelque choſe qui pût donner une plus grande preuve de mon zele, ainſi que de mon déſintéreſſement, je la donnerois ſans héſiter.

DU MENUET.

LE Menuet eſt une ſorte de Danſe qui, ſelon M. l'Abbé Broſſard (2), nous vient originairement du Poitou. Cette Danſe l'emporte, ſans contredit, ſur toute autre, tant par ſa nobleſſe que par ſa gravité. Le mot Menuet (en italien *Minuetto*) vient du latin *Minuere*, qui ſignifie diminuer, ralentir, &c. parce que dans cette eſpece de Danſe, les pas ſont moins préci-

(2) On lit dans l'Encyclopédie au mot Menuet, Tom. X: » Menuet eſt une ſorte de Danſe que l'Abbé Broſſard prétend nous venir originairement du Poitou. Il dit que » cette Danſe eſt fort gaie, & que le mouvement en eſt » fort vîte. Ce n'eſt pas tout-à-fait cela : le caractere du » Menuet eſt une noble & élégante ſimplicité ; le mouvement en eſt plus modéré que vîte, & l'on peut dire que » le moins gai de tous les genres de Danſe, uſités dans nos » Bals, eſt le Menuet : c'eſt autre choſe ſur le Théatre ». *Voyez auſſi le Dictionnaire de* M. J. J. ROUSSEAU, *au mot* MENUET.

pités, les mouvemens du corps moins vifs & plus ralentis.

M. Pécour l'a beaucoup perfectionné par les changemens qu'il y a faits. La figure du Menuet étoit un S, il y a substitué un Z, ce qui lui donne infiniment plus de grace & de régularité.

Il est bon de remarquer d'abord que le pas de Menuet contient deux mesures musicales, qui se distinguent en bonne & en fausse mesure. La bonne se marque en frappant dans la main, & la fausse à côté de soi. Jusqu'ici l'on n'a employé que cet unique moyen pour former à la mesure l'oreille de l'Écolier : mais ce moyen m'ayant paru insuffisant dans la pratique, pour donner de l'oreille à certains sujets, j'ai observé de plus près la nature ; & après beaucoup d'expériences, presque toutes heureuses, j'ai trouvé que les douze nouveaux moyens indiqués ci-après, n'étoient pas de trop pour développer mes principes.

La Musique peut être considérée comme une espece de discours. Elle a comme lui ses phrases entieres, & ses phrases partielles ; mais la ponctuation qui se marque dans le discours par des signes visibles, doit se faire sentir dans la Musique, à la chûte de chaque phrase, ou portion de chant : ainsi, dans le menuet dansant, qui est, comme on le ſait, un morceau muſical, dont les meſures ſont à trois tems & en nombre pair, on ſe trouve aſſujetti aux mêmes regles, en obſervant cependant que chaque phraſe & chaque portion de phraſe muſicale ſe terminent toujours par la fauſſe meſure.

Dans la vue de ne rien laiſſer à deſirer aux perſonnes qui voudront ſe ſervir de cette Méthode, & pour que l'on ne m'impute point d'avoir omis quelque choſe dans ce traité, j'indiquerai, dans mes notes, la quantité des tems muſicaux qui s'emploient, tant dans la bonne meſure que dans la fauſſe, pour le Menuet, ainſi que dans la Contre-Danſe, &c. ce qui facilitera l'Écolier qui ſera Muſicien, ou qui aura quelque notion de la Muſique, pour battre la meſure des différens moyens que je donne dans cette Méthode, tant pour le Menuet que pour la Contre-Danſe. Quant à celui qui n'en aura aucune, on lui enſeignera ſimplement les moyens, & on lui fera diſtinguer les tems & les meſures, par le tiré & le pouſſé de l'archet, comme je le dis ci-après. Mon intention n'eſt point d'offenſer M M. les Muſiciens amateurs, en diſant que cela facilitera l'Écolier qui ſera Muſicien, car il arrive ſouvent que de très-bons Muſiciens ne danſent point en meſure ; ſur-tout dans le Menuet, par l'habitude qu'ils ont contractée de frapper toutes les meſures, & cette grande habitude les détourne quelquefois de l'attention qu'il faut avoir d'employer toujours deux meſures muſicales pour faire le pas de Menuet, & que de ſes deux meſures, nous ne frappons que la premiere, que nous nommons la bonne ; ce qui fait que nous comparons même la meſure du Menuet-Danſant, pour ſa valeur, à celle de $\frac{6}{4}$, comme je le dis ci-après (3).

Je dirai donc qu'avant de commencer à faire battrre la meſure à mon Écolier, je lui explique, 1°. que l'on prend deux meſures muſicales pour faire le pas de Menuet (4) ; que ces deux meſures ſe diſtinguent, comme je l'ai dit ci-devant,

---

(3) Le Maître de Muſique marque le mouvement du Menuet, en frappant au commencement de chaque meſure; au lieu que le Maître à Danſer ne bat que de deux en deux meſures, parce qu'il en faut autant pour former les quatre pas du Menuet.

Voyez le Dictionnaire de M. J. J. ROUSSEAU, *au mot* CADENCE.

(4) La meſure du Menuet eſt à trois tems, & ſe déſigne par le chiffre 3, ou $\frac{3}{4}$; & les deux meſures que l'on prend pour faire le pas du Menuet, étant réunies, reviennent pour leur valeur à la meſure de $\frac{6}{4}$.

l'une en bonne, & l'autre en fausse ; que la bonne se marque en frappant dans la main, & l'autre à côté de soi (5). 2°. Je lui explique de même que chaque phrase & chaque portion de phrase se terminent toujours par la fausse mesure. En conséquence, je lui fais battre la mesure des trois premiers moyens, & je parcours les autres de suite, à mesure qu'il les comprend. Une fois bien exercé aux 7, 8 & 9e moyens, je lui coupe quelquefois la mesure pour éprouver son oreille, après l'avoir averti, cependant, d'arrêter sa main, lorsqu'il sentira qu'il ne sera plus en mesure, pour la reprendre, & que la mesure peut être coupée de deux manieres ; la premiere, par la répétition d'une mesure, & la seconde, par la suppression dans le courant du Menuet, ou à la fin d'une phrase ou portion de phrase, autrement dit sur la fausse mesure. Dans les commencemens, je lui fais sentir aussi la bonne mesure par le coup d'archet.

---

(5) Quoique j'aie toujours pensé qu'il étoit plus naturel de marquer ce dernier mouvement en levant la main, comme dans la mesure à deux tems, que de la faire aller à côté de soi, je me conformerai cependant à cet usage, comme étant généralement adopté.

MOYENS.

LE premier moyen consiste à marquer la bonne mesure, en frappant en même-tems les deux genoux des deux mains qui leur correspondent ; ensuite lever les mains pour marquer la fausse mesure, en les faisant tomber chacune de leur côté. Les deux mains se relevent pour revenir frapper la bonne mesure sur les genoux, & continuer le même mouvement (6).

2°. La bonne mesure se marque en frappant des talons (7) le plancher, tandis que les deux mains

(6) Je donne pour regle générale, que la bonne & la fausse mesure contiennent chacune trois tems ; ce qui compose les deux mesures qu'on emploie pour faire le pas de Menuet. On sait de plus, que pour battre réguliérement la mesure, soit du Menuet, ou de la Contre-Danse, il faut régler le mouvement de la main ou du pied, comme la vibration, pour ainsi dire, d'un pendule.

(7) L'on ne doit pas trouver extraordinaire si j'accompagne le frappé des talons de celui des mains, puisqu'il est vrai que les Anciens battoient la mesure, non-seulement

tombent ſur les genoux. La fauſſe ſe marque par les mains qui tombent ſur les côtés, en même-tems que les talons ſe levent (8).

3°. Les deux mains marquent la bonne meſure en frappant ſur les genoux, tandis que les talons la marquent par leur relevé, & pendant que les mains

---

du pied, mais auſſi de la main droite, dont ils réuniſſoient tous les doigts pour frapper dans le creux de la main gauche ; & celui qui marquoit ainſi le rithme, s'appelloit *Manuductor*. Outre ce claquement de main, & le bruit de ſandale, les Anciens avoient encore, pour battre la meſure, celui des coquilles, des écailles d'huîtres, & des oſſemens d'animaux, qu'on frappoit l'un contre l'autre, &c. *Voyez l'Encyclopédie, au mot* Battre, *pag.* 155.

(8) Comme il auroit été ridicule de faire frapper le pied ou les deux pieds ſur le plancher, j'ai jugé à propos de ne faire frapper que du talon ; & l'Ecolier en tire même un avantage, puiſque par ce moyen, il ſe procure l'aiſance de faire jouer le coude-pied ; ce qui eſt très-eſſentiel dans la Danſe, & ſur-tout dans le Menuet, par la grace que cela donne dans le pas, &c.

Il eſt inutile d'obſerver ici aux perſonnes qui voudront faire l'eſſai de cette méthode, de ne mettre aucune affectation dans les mouvemens, ſoit de la main, des deux mains, ou des pieds, en exécutant les moyens indiqués pour l'exercice à la meſure, tant du Menuet que de la Contre-Danſe. On ſait trop bien que les excès ſont toujours ridicules, & ſur-tout dans les mouvemens du corps.

tombent ſur les côtés, pour marquer la fauſſe meſure, les talons la marquent en frappant ſur le plancher, & toujours alternativement (9).

4°. Les mains conſervent le même mouvement, à l'exception que l'on marque en frappant des talons ſur le plancher, la bonne & la fauſſe meſure (10).

5°. La bonne meſure ſe marque par le frappé des deux mains ſur les genoux, & la fauſſe, par le frappé d'une ſeule main, tandis que l'autre la marque à côté, ainſi de ſuite alternativement, en obſervant de commencer à battre la fauſſe meſure par la main droite.

---

(9) Quand les mains frappent enſemble ou ſéparément, elles conſervent toujours deux tems dans leur frappé, & ſe relevent au troiſieme; ainſi que des talons, il en eſt de même pour la fauſſe meſure.

(10) L'on s'appercevra peut-être que je commence toujours par faire frapper la bonne meſure; la raiſon en eſt très-ſenſible, c'eſt que le Menuet commence pour l'ordinaire en frappant, & ſon troiſieme & dernier tems finit en levant. Si l'on bat la meſure en Menuet-Danſant, (*Voyez les pages* 10, 11 & 12) pour lors l'on frappera ſur la premiere note de la premiere meſure, & on levra la main, ou on la laiſſera tomber à côté de ſoi, ſur la premiere note de la ſeconde meſure, ce que nous appellons battre en meſure de $\frac{6}{4}$. (*Voyez les notes 3 & 4*).

6°.

6°. Répétition du précédent moyen, en ajoutant le frappé des deux talons, pour marquer la bonne mesure, & le frappé d'un seul talon, pour marquer la fausse, le tout conjointement avec les mains correspondantes (11).

7°. Marquez la bonne mesure en frappant le genou droit de la main droite ; & tandis que celle-ci marque la fausse à côté, la main gauche la bat sur le genou gauche, pour marquer ensuite la bonne en tombant à côté : la main droite

(11) Le nombre des mesures d'un Menuet doit être, dans chacune de ses reprises, de quatre, ou d'un multiple de quatre, car s'il péchoit contre cette regle, l'Écolier, à la fin d'une reprise vicieuse, se trouvroit la finir dans les 5 & 6e moyens par la main droite au lieu de la gauche. *Voyez le Dictionnaire de* M. J. J. Rousseau, *page* 280, qui dit : « La mesure du Menuet est à trois tems légers » qu'on marque par le 3 simple, ou par le $\frac{3}{4}$, ou par le » $\frac{3}{8}$. Le nombre des mesures de l'air, dans chacune de » ses reprises, doit être quatre ou un multiple de quatre, » parce qu'il en faut autant pour achever le pas du Me- » nuet ; & le soin du Musicien doit être de faire sentir » cette division par des chûtes bien marquées, pour aider » l'oreille du Danseur, & le maintenir en cadence ».

Voyez aussi les Élémens de Musique, Théorique & Pratique, par M. D'ALEMBERT, *page* 209.

reprend dans ce tems la bonne meſure, comme on l'a dit, & ainſi de ſuite alternativement.

8°. Même mouvement, excepté que chaque talon frappe en même-tems que la main tombant ſur le genou (12).

9°. Marquez la bonne meſure en frappant de la main droite ſur le genou droit immobile, tandis que le talon gauche frappe. Marquez la fauſſe en frappant de la main gauche ſur le genou gauche, immobile à ſon tour, pendant que le talon droit frappe auſſi. La main qui ne tombe point ſur le genou, marque toujours l'autre meſure à côté (13).

10°. La main droite marque la bonne meſure en frappant ſur le genou correſpondant, tandis que la gauche la marque à côté, pendant que la

---

(12) Il eſt entendu qu'à meſure qu'une main ſe leve, l'autre ſe baiſſe alternativement, ainſi que les talons.

(13) J'ai ſimplifié les 7, 8 & 9e moyens dans la façon de battre la meſure, afin d'éprouver l'effet qu'ont pu produire les ſix premiers ſur l'oreille de mon Écolier, en lui coupant la meſure ; car il arrive ſouvent qu'il s'apperçoit lui-même que ſa main frappe la fauſſe meſure au lieu de la bonne, & c'eſt alors que je me trouve obligé de lui expliquer la façon de la reprendre, dans les deux manieres différentes de la couper.

droite ſe leve & marque la fauſſe à côté ; la main gauche, qui s'eſt levée avec la droite, frappe trois fois ſur le genou gauche (14).

11°. On battra la bonne meſure en frappant de la main droite ſur le genou correſpondant ; la fauſſe, en la laiſſant tomber à côté de ſoi ; & pendant ces mouvemens, la main gauche battra ſur le genou gauche tous les tems de la bonne & fauſſe meſure (15).

12°. Dans ce dernier moyen, les ſix tems ſe marquent toujours de la main gauche, comme dans le moyen précédent ; la main droite, pendant ce tems, frappe la bonne meſure ſur le genou droit, pour marquer enſuite à côté de ſoi la fauſſe qui ſe fera ſentir en même-tems par le frappé du talon correſpondant.

---

(14) Ces trois frappés marquent les trois tems de la ſeconde meſure, autrement dit de la fauſſe meſure.

(15) Ces ſix frappés marquent les ſix tems des deux meſures qui compoſent la meſure du Menuet-Danſant, autrement dit, la bonne & la fauſſe meſure.

DE LA CONTRE-DANSE.

LA Contre-Danſe eſt une ſorte de Danſe moins grave que le Menuet, & que la plûpart des anciennes Danſes figurées ; elle eſt appellée ainſi parce que pluſieurs perſonnes danſent enſemble, & répétent en même-tems les mêmes mouvemens ou les mêmes figures. Ce mot eſt formé du mot Latin *Contrà*, & du mot Allemand *Dantz*. La meſure de cette Danſe eſt, comme on le ſait, compoſée de deux tems, l'un nommé fort & l'autre foible (*16*). Selon l'uſage des Maîtres de Muſique, le fort ſe marque en frappant d'une main dans l'autre, & le foible en la levant. Cette maniere eſt auſſi adoptée par les Maîtres

(16) Il y a cependant quelques Contre-Danſes dans leſquelles il ſe trouve des paſſages qui prennent le mouvement du Menuet ; mais comme dans ces momens la Contre-Danſe ſort en quelque ſorte de ſon caractere, cela ne contredit point ce que j'avance.

de Danse. Voici douze nouveaux moyens que je donne pour former à cette mesure l'oreille de l'Écolier (17).

On peut faire remarquer aux personnes qui ne sont point de l'Art, que de tout tems, les Maîtres de Musique ont distingué les tems dans les trois différentes mesures simples, par le fort & par le foible, quoiqu'ils soient toujours de valeur égale. Je le fais aussi pour faire distinguer aux Écoliers le frappé (soit de la main ou du pied) & le levé ; que le tems fort est toujours celui qui se marque en frappant, & le foible en levant, comme dans certaines Contre-Danses Allemandes, lesquelles commencent ordinairement par le tems fort, & finissent par le foible. La différence qu'il y a dans les Françoises & Angloises, est qu'elles commencent assez

(17) Mon dessein étoit d'abord de ne donner que six moyens pour la mesure à deux tems ; mais quoique cette mesure soit d'une espece différente que celle du Menuet, j'ai trouvé tant de rapport entre les moyens que j'emploie pour former au Menuet, & ceux pour former à la Contre-Danse, que je me suis résolu d'en donner douze d'abord pour le Menuet, & douze pour la Contre-Danse, parce que ceux-ci sont dérivés des premiers.

généralement par le levé, ou tems foible, & finissent par le frappé, ou tems fort (18).

Quand il s'agit de faire battre la mesure de la Contre-Danse, ce que je fais ordinairement, conjointement avec celle du Menuet, en partageant également les moyens de l'une comme de l'autre ; c'est-à-dire que si je ne fais battre que deux moyens de la mesure du Menuet, j'en fais battre autant de celle de la Contre-Danse, pour faire voir à mon Écolier le rapport qu'il y a de l'un à l'autre : pour lors, il est nécessaire que l'Écolier sache que cette mesure se bat à deux tems (19), l'un nommé fort, & l'autre foible ; que le temps fort (comme je l'ai déjà dit) est celui que l'on marque en frappant dans la main,

---

(18) *Voyez* M. Rameau dans son Traité d'Harmonie, ainsi que M. d'Alembert dans ses Élémens de Musique, qui disent que le tems fort est le bon, & le tems foible le mauvais.

(19) La mesure à deux tems se marque par un 2 ; & si l'Écolier a quelque connoissance de la Musique, je lui explique que cette mesure est composée de quatre noires, ou de l'équivalent ; que ces quatre noires se partagent en deux parties égales, dont deux pour le tems fort, & les deux autres pour le tems foible. Lorsque l'air de la Con-

& le foible, lorsque la main se leve ; que chaqu phrase ou chaque portion de phrase musicale s termine toujours par le tems fort, sur-tout quand l'air commence en levant ; si au contraire il commence en frappant, la phrase ou la portion de phrase finira en levant, comme dans certaines Contre-Danses Allemandes, & autres (20). Après cette explication, je fais battre les différens moyens à mon Écolier, & lorsqu'il a acquis un peu d'habitude sur les 7, 8 & 9e moyens, je lui coupe la mesure ; & quand il s'apperçoit qu'il n'y est plus, il faut alors qu'il s'arrête, afin de

---

tre-Danse est marqué par les chiffres $\frac{6}{8}$, il faut une noire pointée pour chaque tems, ou l'équivalent, & elle se bat aussi à deux tems. Enfin, si c'est une Contre-Danse dont l'air soit marqué par les chiffres $\frac{2}{4}$, il faut une noire pour chaque tems, ou l'équivalent, & se bat de même à deux tems.

(20) Il y a bien des Contre-Danses Allemandes & autres airs qui commencent par le frappé, & finissent par le levé. Les signes de mesures musicales sont le $\frac{2}{4}$, le $\frac{6}{8}$: ces mesures sont adoptées par les François ; car la vraie mesure est celle de $\frac{3}{8}$, qu'on appelle boiteuse. Les Contre-Danses Françoises commencent assez généralement en levant, & finissent en frappant. Pour les signes de mesure, *Voyez la note* (19).

la reprendre ſur le tems fort ; car la meſure peut être coupée également de deux manieres, comme je l'ai dit pour le Menuet ; c'eſt-à-dire, par la répétition d'une meſure, ou par ſuppreſſion, dans le courant de l'air, ou à la fin d'une phraſe, ou portion de phraſe.

MOYENS.

LE premier moyen consiste à marquer le tems fort, en frappant en même-tems les deux genoux des deux mains qui leur correspondent, & le tems foible, en les relevant, pour continuer ensuite le même mouvement. (21).

2°. Le tems fort se marque en frappant des talons le plancher, tandis que les deux mains tombent sur les genoux. Le tems foible se marque par les mains qui se relevent, ainsi que les talons.

3°. Les deux mains marquent le tems fort en frappant sur les genoux, & tandis qu'elles se relevent, le foible se marque en frappant des talons (22).

(21) L'on peut voir le rapport que les moyens ont entre eux, tant ceux du Menuet que de la Contre-Danse, à la différence que dans les premiers, les mains vont tomber chacune de leur côté, pour marquer la fausse mesure, & que dans ceux-ci, le levé des mains marque le tems foible.

(22) Il est aisé de voir que les deux talons marquent le tems fort par leur levé, & le tems foible par leur frappé.

4°. Les mains conservent toujours les mêmes mouvemens, à l'exception que les talons marquent par leur frappé le tems fort & le foible.

5°. Les pieds immobiles. Les deux mains marquent le tems fort en frappant sur les genoux correspondans. On leve ensuite la main droite, qui doit marquer le tems foible par un second frappé sur le genou droit, tandis que la main gauche le marque par son levé. Les deux mains reviennent ensuite sur les genoux; après quoi la gauche recommence ce que la droite avoit fait, & ainsi de suite réciproquement, ayant toujours soin que la bonne mesure se marque avec les deux mains sur les genoux (23).

6°. Pour marquer le tems fort, frappez des talons, & laissez tomber en même-tems les deux mains sur les genoux; levez la main droite, ainsi que le talon droit, & marquez le tems foible par le frappé du talon droit, tandis que la main droite retombe une seconde fois sur le genou correspondant;

---

(23) Dans ce cinquieme moyen, les mains se levent & frappent alternativement, de maniere que pendant qu'une main marque les deux tems de la mesure par son frappé & son levé, l'autre marque par deux frappés le tems fort & le foible; & cela, chacune à son tour.

& pendant ce tems, la main & le pied gauche se levent : ce tems foible se marque réciproquement par le frappé de la main & du pied gauche, comme on l'avoit fait du côté droit ; le tems fort se marque constamment comme il a été expliqué (24).

7°. Marquez le tems fort en frappant le genou droit de la main droite ; & pendant que cette main se releve pour marquer le tems foible, la gauche le marque en frappant sur le genou gauche, le tout alternativement.

8°. Même mouvement, excepté que chaque talon frappe en même-tems que la main tombant sur le genou. Il est à observer que lorsque la main & le talon frappent, l'autre main & l'autre talon doivent se lever sur le même tems.

9°. Marquez le tems fort en frappant de la main droite sur le genou droit ; dans le même tems levez le talon droit, & frappez avec le talon gauche : pour le tems foible, frappez sur le genou gauche de la main gauche, & dans ce même tems levez le talon de ce côté, tandis que vous frapperez du talon droit, le tout alternativement.

---

(24) Les pieds marquent la même quantité de tems que les mains dans leur frappé, comme dans leur levé. *Voyez la note* (23).

10°. La main droite marque le tems fort en frappant ſur le genou correſpondant ; pendant ce tems, la gauche le marque en ſe levant, & lorſque la main droite ſe leve pour marquer le tems foible, la main gauche frappe les deux quarts de la meſure dont ce tems foible eſt compoſé ; enſuite la main droite refrappe le tems fort, pendant que la gauche ſe releve, & elle recommence ce qu'elle a fait ci-devant (25).

11°. Se ſouvenant toujours que cette meſure eſt compoſée de deux tems, l'un nommé fort & l'autre foible, on marquera de la main droite, en frappant ſur le genou droit, le tems fort ; & on la relevera enſuite pour marquer le tems foible, tandis que la main gauche battra ſur le genou gauche chaque quart de meſure, ou chaque noire, le tout ſans interruption.

12°. Dans ce dernier moyen, la main gauche conſerve toujours le même mouvement, pendant que la main droite marque ſur le genou correſpondant, le tems fort, & le talon du même côté

(25) Ces deux frappés marquent les deux quarts de la meſure dont le tems foible eſt compoſé, comme dans le dixieme moyen de la meſure du Menuet, les trois frappés marquent les trois tems de la fauſſe meſure.

le foible. Dans ce même tems la main droite se leve pour le marquer aussi.

Ces principes paroîtront peut-être au premier coup d'œuil trop compliqués, ou trop embarrassans ; mais il faut faire attention que dans la pratique, les difficultés s'évanouissent d'elles-mêmes, lorsqu'on établit de justes gradations pour le développement des idées. C'est ainsi qu'en exerçant mes Écoliers, je ne les amene que par degrés, & presqu'insensiblement, du simple au composé. J'emploie telle leçon, par exemple, à tel ou tel moyen ; je varie de tems en tems les airs, pour éviter le dégoût & l'ennui ; enfin, je fais contracter à mon Écolier l'habitude de marquer la mesure avec fermeté & assurance, en le forçant, pour ainsi dire, de se redresser lui-même dans ses différens mouvemens, que j'affecte de traverser en lui coupant la mesure.

Ce ne sera donc qu'après avoir suivi les procédés que je viens d'indiquer, qu'on pourra se décider, ou pour, ou contre ma Méthode : j'ose espérer que l'expérience qu'on en fera ne tournera point au désavantage de son Auteur.

Je donne ici six airs & six Menuets analogues aux différentes manieres de battre la mesure. Les deux premiers airs sont une mesure de $\frac{2}{4}$, lesquels ne ſont compoſés que d'une ronde & d'une blanche dans chaque meſure : Meſſieurs les Maîtres de Muſique font battre cette meſure à trois tems lents ; mais comme dans le Menuet nous ne faiſons marquer que les meſures, & cela de deux en deux, je fais frapper mon Écolier ſur la ronde de la premiere meſure ; je lui fais lever la main ſur la blanche, pour marquer enſuite la ſeconde meſure à côté de lui, ſur l'autre ronde ; enſuite relever la main ſur l'autre blanche, pour refrapper ſur une autre ronde qui commence la troiſieme meſure, &c. C'eſt la même choſe pour le troiſieme & quatrieme air, meſure à $\frac{3}{4}$, à l'exception que le mouvement, quoique marqué, eſt un peu plus vif ; que l'on frappe ſur une blanche, & qu'on leve la main ſur une noire, &c. Dans le cinquieme & ſixieme air, les meſures paires ſont compoſées d'une blanche pointée, & les impaires de trois noires ; le mouvement eſt moins lent qu'aux premiers airs, ſans cependant rentrer dans le mouvement ordinaire. Dans les ſix Menuets ſuivants, les meſures ſont plus variées, & par conſéquent approchent davantage de la nature du Menuet pour le Chant.

Quant aux ſix airs & aux ſix Contre-Danſes que je donne auſſi, je prends les mêmes précautions pour amener mon Écolier à la mesure par des gradations insensibles. Ainsi les deux premiers airs ont une mesure désignée par le C barré : cette mesure est plus lente que quand elle est marquée par un 2, & elle se bat de même à deux tems. Les mesures ne sont composées que de deux blanches ; ainsi on frappe sur la premiere blanche d'après la ligne perpendiculaire, & on leve la main sur la seconde, &c. Le troisieme air, mesure désignée par un 2, est la même chose, à l'exception que le mouvement est un peu plus vif, quoique désigné par le mot marqué. Les quatre, cinq & sixieme airs sont un peu plus variés, & le mouvement un peu plus vif, sans cependant ressembler au mouvement ordinaire. Dans les six Contre-Danses suivantes, les mesures sont plus variées, & se rapprochent par conséquent pour le Chant, (comme pour le mouvement) de la nature de la Contre-Danse.

Je n'ai pour but dans les six premiers airs pour la mesure du Menuet, ainsi que dans les six pour la mesure de la Contre-Danse, que de faciliter & régler à l'Écolier le mouvement de la main, mouvement qu'il acquerra facilement, s'il a quelque notion de la Musique, quand une fois il aura compris que dans la mesure à $\frac{3}{4}$, il faut frapper la bonne meſure ſur la ronde, lever la main ſur la blanche, &c. & cela dans les deux premiers airs. Dans les deux ſuivants, qui ſont une meſure à $\frac{3}{4}$, il doit frapper ſur la blanche, lever la main ſur la noire, & la laiſſer tomber enſuite à côté de ſoi ſur une autre blanche, &c.

Lorſque l'Écolier n'a aucune connoiſſance de la muſique, je lui fais entendre qu'il faut frapper la bonne meſure, ſoit des mains ou des pieds, lorſque l'archet va en tirant, & qu'il faut lever les mains, lorſqu'il va en pouſſant, afin de les laiſſer tomber à côté de ſoi, pour marquer la fauſſe meſure ſur un autre coup d'archet qui ſe donnera en tirant, & toujours alternativement.

Les mouvemens de l'Écolier étant ainſi réglés, il battra ſans difficulté les trois premiers Menuets, de même que les trois premieres Contre-Danſes ſur leſquelles on pourra fort à propos lui couper la meſure. Il en eſt de même des trois derniers Menuets & Contre-Danſes, quant à la maniere de les battre. Puiſque chaque meſure eſt compoſée de noires, l'on fera frapper les tems pour le Menuet, & les quarts de tems pour la Contre-Danſe, c'eſt-à-dire, autant de fois qu'il y a de notes ou de coups d'archet, & cela de la

main

main gauche, ainſi que je le dis dans les moyens dix, onze & douze (26).

Les douze airs pour la meſure du Menuet ſont en Sol, & ceux pour la Contre-Danſe ſont en Ré, afin qu'il n'y ait point d'interruption dans les leçons, par la néceſſité où ſe trouveroit le Maître de préluder chaque fois qu'il changeroit de Menuet ou de Contre-Danſe. On évitera en même-tems par ce moyen de jetter de la confuſion dans l'oreille de l'Écolier qui n'eſt point encore accoutumée aux changemens de ton. Son oreille ſe formera ainſi peu à peu à la meſure, durant l'eſpace, à peu-près de trente-ſix leçons, ſi toute fois il veut ſe prêter aux leçons de ſon Maître ; car toute l'habileté poſſible, toute l'aſſiduité & les ſoins les plus conſtans, tombent en pure perte, ſans la docilité & l'attention réciproque de l'Éleve : c'eſt une vérité généralement reconnue.

(26) L'on marque dans le dixieme moyen pour le Menuet les tems de la fauſſe meſure ſeulement ; dans les onze & douzieme, les tems des deux meſures : Pour la Contre-Danſe dans le dixieme moyen, l'on marque les deux quarts du tems foible, & dans les onzieme & douzieme, les quatre quarts de chaque meſure. *Voyez les pages* 18, 19 & 28.

J'ai ajouté aux quatre premiers Menuets, & aux quatres premieres Contre-Danſes, un Mineur, pour faire ſentir à mon Écolier les nuances qu'il y a dans la Muſique, & en même-tems lui donner ce goût & cette ſenſation que la Muſique excite naturellement, en lui faiſant obſerver qu'il faut frapper fort au Majeur, & doucement au Mineur, ſans cependant ralentir le mouvement.

Quand mon Écolier eſt parvenu à battre la meſure ſur tous les moyens, tant du Menuet que de la Contre-Danſe, qu'il ſait diſtinguer la bonne meſure d'avec la fauſſe, ainſi que s'arrêter à propos quand il ſent qu'il n'eſt plus en meſure, pour la reprendre enſuite, & qu'il s'apperçoit auſſi lorſqu'on la lui coupe, je lui montre pour lors à reprendre cette meſure ſans s'arrêter, & cela ſur les douze moyens, tant pour le Menuet que pour la Contre-Danſe.

MANIERE
DE REPRENDRE LA MESURE SANS S'ARRÊTER DANS LE MENUET.

DANS le premier Moyen, lorsque l'Écolier n'est plus en mesure, soit par la suppression de mesure ou par la répétition, dans le courant de l'air, à la fin d'une phrase musicale ou portion de phrase, que cette coupe s'est faite lorsque les mains marquoient la fausse mesure ; il faut qu'il laisse tomber une seconde fois les mains chacune de leur côté, & ensuite qu'il refrappe des mains sur ses genoux, & il se retrouvera en mesure. Si au contraire le Maître lui coupe la mesure dans le moment qu'il frappe des mains sur ses genoux, il faudra qu'il recommence le même mouvement, & il se retrouvera en mesure (27).

(27) La mesure du Menuet se coupe (comme je l'ai dit ci-devant) de deux manieres, qui sont par suppression

2e Moyen. Mêmes principes que ci-dessus pour les mains comme pour les pieds.

3e Moyen. L'on frappera deux fois de suite des talons, & l'on laissera de même tomber deux fois les mains, chacune de leur côté, & l'Écolier se retrouvera en mesure.

4e Moyen. Mêmes principes pour les mains; car pour les pieds, ils seront toujours en mesure.

5e Moyen. Si le Maître coupe la mesure par suppression, & cela dans le moment que l'Écolier bat la fausse mesure de la main droite, il faut que l'Éleve laisse tomber la main droite à côté de lui, & que la gauche frappe en même-tems sur son genou correspondant, qu'il refrappe après cela des deux mains sur les genoux, & marque ensuite la fausse mesure de la main droite, &c. Si on lui coupe la mesure par suppression dans le courant de l'air, à la fin d'une phrase ou portion de phrase, lorsqu'il bat la fausse de la main gauche, il fera le contraire de ce qui a été marqué ci-dessus. Si

& par répétition ; couper par suppression, c'est supprimer une mesure musicale, ou plusieurs, comme qui diroit aller de la premiere à la troisieme, ou de la deuxieme à la quatrieme, &c. couper par répétition, c'est répeter deux fois la même mesure.

au contraire on lui coupe la meſure par répétition, il ajoutera un frappé de la main ſur laquelle on l'aura coupé, & l'autre main retombera une ſeconde fois à côté, en obſervant que la phraſe finiſſe de la main gauche.

6e Moyen. Mêmes principes qu'au cinquieme, tant des mains que des pieds.

7e Moyen. Si le Maître coupe la meſure par ſuppreſſion, ou répétition, & cela dans le courant de l'air, à la fin d'une phraſe ou portion de phraſe, l'Écolier refrappera une ſeconde fois de la main ſur laquelle on lui aura coupé la meſure, l'autre main tombera une ſeconde fois à côté, & l'Écolier ſe trouvera en meſure.

8e Moyen. Même précaution, tant pour les mains que pour les pieds.

9e Moyen. Même choſe, à l'exception que le pied doit être oppoſé à la main.

10e Moyen. Mêmes principes pour la main droite; la gauche ſeulement, en place des trois frappés, en fera ſix, & l'Écolier ſera en meſure.

11e Moyen. Mêmes principes pour la main droite, car la gauche ſera toujours en meſure.

12e & dernier Moyen. Soit que l'on coupe la meſure, comme je l'ai dit au premier, cinquieme

& ſeptieme Moyens, l'Écolier répétera le même mouvement de la main & du talon, & ſe retrouvera en meſure : pour la main gauche, elle continuera toujours ſon même mouvement.

Malgré le rapport que les moyens pour la Contre-Danſe ont avec ceux du Menuet, tant pour la façon de les battre, que pour celle de reprendre la meſure ſans s'arrêter, j'ai penſé qu'il étoit à propos de les diviſer en deux parties, afin que l'Écolier ſoit à portée, par la ſeule inſpection du titre, de faire uſage des moyens relatifs à l'eſpece de meſure qu'il voudra battre.

MANIERE
DE REPRENDRE LA MESURE
SANS S'ARRÊTER
DANS
LA CONTRE-DANSE.

DANS le premier Moyen, lorſque le Maître coupe la meſure, ſoit par répétition de meſure, ſoit par ſuppreſſion dans le courant de l'air, à la fin d'une phraſe ou portion de phraſe, que cette coupe s'eſt faite lorſque les mains marquent le tems fort; il faut que l'Écolier refrappe une ſeconde fois des deux mains ſur les genoux correſpondans, & il ſe retrouvera en meſure. Si au contraire on lui coupe la meſure ſur le tems foible, il faut que l'Écolier recommence une ſeconde fois ce tems par le relevé des mains, & il ſe retrouvera en meſure (28).

(28) Couper la meſure dans les Contre-Danſes, ſoit par ſuppreſſion de tems ou répétition, c'eſt la même choſe

2e Moyen. Même chose que ci-dessus pour les mains comme pour les pieds.

3e Moyen. On laissera tomber une seconde fois les mains sur les genoux correspondans ; de même on frappera deux fois des talons sur le plancher, & l'Écolier se retrouvera en mesure.

4e Moyen. Mêmes principes qu'au précédent Moyen pour les mains, car pour les pieds, ils seront toujours en mesure.

5e Moyen. Si la mesure est coupée par suppression, répétition dans le courant de l'air, à la fin d'une phrase ou portion de phrase, dans le moment que l'Écolier frappe le tems fort par les mains tombant sur les genoux correspondans, il refrappera une seconde fois & il se trouvera en mesure. Si au contraire la mesure est coupée par suppression, &c. dans l'instant que l'Éleve frappe le tems foible de la main droite, il refrappera une seconde fois de cette main, & il se retrouvera en mesure : même chose pour la main gauche.

---

que dans le Menuet, à l'exception que couper la mesure par suppression, c'est supprimer un tems, comme qui diroit aller du premier au troisieme, ou du deuxieme au quatrieme ; couper par répétition, c'est répéter deux fois le même tems.

6e Moyen. Mêmes principes qu'au précédent, tant pour les mains que pour les talons.

7e Moyen. Si le Maître coupe la mesure par répétition de mesure, ou suppression, & cela dans le courant de l'air, à la fin d'une phrase ou portion de phrase, dans le moment que l'Écolier frappe le tems fort de la main droite, il faudra qu'il refrappe une seconde fois de la main droite, & que la gauche fasse de même un second mouvement par son levé, & l'Écolier sera en mesure. On observera la même chose pour le tems foible de la main gauche.

8e Moyen. Même précaution, tant pour les mains que pour les pieds.

9e Moyen. Mêmes principes, avec la différence que le pied doit être opposé à la main.

10e Moyen. Même précaution pour la main droite, à l'exception que la gauche, pour se remettre en mesure, frappera les quatre quarts de la mesure, au lieu de deux, & l'Écolier se retrouvera en mesure.

11e Moyen. Mêmes principes, & cela, pour la main droite ; car pour la gauche, de telle façon qu'on la traverse, ou qu'on lui coupe la mesure, soit par suppression de tems ou répétition, elle sera toujours en mesure.

12e & dernier Moyen. Mêmes principes, comme je l'ai dit au douzieme Moyen pour le Menuet, tant pour la main droite que pour le talon ; & pour la gauche, comme au précédent Moyen : c'est-à-dire qu'elle continuera toujours son même mouvement.

Après cet exercice, je n'ai plus qu'à faire comprendre à mon Écolier, l'usage que l'on fait de la mesure, & son application dans les trois sortes de pas de Menuet, &c.

Pour parvenir à faire marquer la mesure avec exactitude dans le pas de Menuet, & à faire faire toutes les parties de ce pas, conformément à l'air musical, si mon Écolier a de l'intelligence, & qu'il sache la Musique, je lui recommande de se ressouvenir, 1°. que le pas de Menuet en général, est composé de quatre pas, qui sont deux pliés & deux marchés ; que ce pas, soit en avant, à droite ou à gauche, commence toujours du pied droit, & finit du pied gauche, par la raison que le nombre des pas est un nombre pair : 2°. que ce pas contient six tems, compris dans les deux mesures que nous prenons pour le faire ; enfin, que pour faire ce pas, supposons en avant, il doit être placé à la quatrieme position ; approcher le pied droit en pliant à la premiere ; ensuite glisser ce pied devant soi, & cela sur une noire, que je suppose précéder la ligne perpendiculaire (29); relever ce premier pas sur la premiere noire, d'après cette ligne; rester le tems de la noire; poser le talon droit à terre sur la valeur d'un point que je suppose de même après cette noire; approcher le pied gauche à la premiere position sur la valeur d'une croche; plier, glisser ensuite ce pied sur la valeur de la noire qui précéde la seconde mesure; relever ce second pas sur la premiere noire, d'après la seconde ligne perpendiculaire; marcher ensuite deux petits pas en avant vîte & sur les pointes, de façon que sur la seconde noire l'on baisse le talon gauche; ensuite on approche le pied droit en pliant à la premiere position, pour recommencer un autre pas, &c. (30) Je donne de même à mon Écolier les principes pour les autres pas de

---

(29) Les lignes perpendiculaires servent dans la Musique à renfermer la quantité de notes nécessaires à chaque mesure.

(30) *Voyez* l'exemple du pas de Menuet avec ses proportions, & décrit en traits hiérogliphiques, *page* 20. N° 5 de la seconde Partie.

Je démontre à mon Écolier le pas de Menuet de cette maniere, comme m'ayant paru la plus facile & la plus intelligible pour un commençant.

Menuet, & après lui avoir démontré ces pas, je les lui fais exercer en danſant ſon Menuet.

Si mon Écolier n'a aucune connoiſſance de la Muſique, je me contente de lui dire qu'il faut relever le premier pas du pas de Menuet ſur la premiere note de la bonne meſure, ainſi que le ſecond pas ſur la premiere note de la fauſſe; par conſéquent, qu'il faut que le plié & le gliſſé du pied ſe faſſent avant.

J'explique auſſi à mon Écolier les principes de la meſure pour les pas uſités dans le Menuet, comme annonce, pas grave, &c. ainſi que ceux de la Contre-Danſe. Quand une fois il eſt bien sûr de la meſure, je la lui coupe afin de l'éprouver ; & lorſque je vois qu'il s'arrête, qu'il attend l'inſtant de la bonne meſure pour s'y remettre, c'eſt-là que je lui enſeigne la façon de la reprendre ſans s'arrêter, & cela, dans les trois ſortes de pas de Menuet, &c.

Je lui dis donc qu'il y a ſix endroits différens dans la figure du Menuet où l'on peut lui couper la meſure, qui ſont, 1°. ſur la fauſſe meſure du premier pas de Menuet en avant ; 2°. ſur la fauſſe meſure du ſecond ; 3°. ſur le ſecond pas du premier à droite ; 4°. ſur le ſecond du deuxieme; 5°. ſur le deuxieme pas du premier à gauche ; & 6°. ſur le deuxieme du ſecond pas de Menuet.

Je lui enſeigne le moyen le plus facile pour prévenir la faute où l'Écolier tombe malgré lui, étant obligé de reſter court, & d'attendre le moment le plus favorable pour ſe remettre en meſure, ce qui lui fait manquer ſouvent la figure, le tout provenant de ne point ſavoir la façon de la reprendre, ſans s'arrêter.

Ce moyen, le voici : Je dis à mon Écolier que lorſqu'il s'apperçoit que je lui ai coupé la meſure, & cela ſur le ſecond pas du premier pas de Menuet en avant, il faut, qu'après l'avoir fini, il faſſe un coupé du pied droit en avant (31); qu'enſuite il reprenne ſon ſecond pas de Menuet en avant, & il ſe retrouvera en meſure.

Si je lui coupe la meſure ſur le deuxieme du ſecond pas de Menuet en avant, il le finira de même ; fera enſuite un coupé de côté, & continuera de faire ſes deux pas de Menuet à droite.

Si je lui coupe la meſure ſur le deuxieme pas

(31) Le coupé eſt compoſé de deux pas, qui ſont, le premier pas du pas de Menuet en avant, & un pas marché, ainſi que celui à droite & à gauche.

Il eſt bon d'avertir auſſi que le coupé que l'on ajoute pour reprendre la meſure, ne retranche aucun pas dans la figure du Menuet.

du premier pas de côté à droite, il le finira; ajoutera un coupé de côté, & fera son second pas de Menuet de côté.

Si au contraire la mesure est coupée sur la fausse du second pas à droite, il ajoutera de même, après son pas fini, un coupé de côté, ou un petit mouvement sur les deux pointes.

S'il se trouve hors de mesure au second pas du premier pas de Menuet à gauche, il fera un coupé par dessous, après avoir toujours fini son pas.

Si enfin je lui coupe la mesure sur la fausse du second pas de Menuet à gauche, il fera un coupé en avant, & ensuite continuera ses deux pas de Menuet suivant.

Je lui coupe de même la mesure sur les pas usités dans le Menuet, & lui montre aussi la maniere de la reprendre sans s'arrêter, &c.

J'ai fait des airs de différens mouvemens, que je donne à la fin de cette Méthode, & que je fais battre sur les moyens ordinaires (32), qui sont, le Menuet, le Passe-pied qui se bat en mesure du Menuet, & les suivans pour celle à deux

---

(32) Le moyen ordinaire du Menuet, *voyez à la page* 10; pour celui de la Contre-Danse, *voyez à la page* 20, & 21.

tems, excepté cependant la boiteuſe qui doit ſe battre à un tems, ſon mouvement étant déſigné par le terme Italien, *Preſtiſſimo* (33).

---

(33) Pour les airs de différens mouvemens que je donne à la fin de cette Méthode, l'on fera attention aux différens termes que jai placés à chacun de ces airs, pour déſigner le mouvement.

La meſure à $\frac{3}{4}$, c'eſt-à-dire du Menuet, doit ſe battre du même mouvement qu'on le doit danſer, je veux dire modérément.

La meſure à $\frac{3}{8}$ eſt un paſſe-pied qui ſe bat de même que le Menuet, à l'exception que ſon mouvement eſt moitié plus vif.

La meſure à $\frac{6}{4}$ eſt un mouvement grave & ſe bat à deux tems : il faut la valeur de trois noires pour chaque tems, ou l'équivalant.

La meſure à $\frac{6}{8}$ ſe bat de même à deux tems, excepté que ſon mouvement eſt moitié plus vif que le $\frac{6}{4}$; & il faut trois croches pour chaque tems, ou l'équivalant.

La meſure à deux tems, mouvement ordinaire des Contre-Danſes Françoiſes ou Angloiſes, il faut deux noires pour chaque tems, ou l'équivalant.

La meſure à $\frac{2}{4}$ eſt d'un mouvement moitié plus vif que celui à deux tems ; c'eſt auſſi le mouvement des Allemandes ; & il faut une noire pour chaque tems, ou l'équivalant.

Le $\frac{3}{8}$ n'eſt plus un paſſe-pied dans ce moment ; c'eſt le mouvement ordinaire des Allemandes, comme je l'ai dit

Je me sers d'une méthode à peu-près semblable, pour les sourds & muets de naissance, en les habituant, par des signes visibles, à connoître qu'il faut frapper la bonne mesure lorsqu'on tire l'archet ; que le voyant lever, ils doivent aussi lever la main, & la laisser ensuite tomber à côté d'eux, sur un autre coup d'archet qui se trouve en tirant. Je les habitue de même à la mesure des Contre-Danses, autrement dit, la mesure à deux tems ; de sorte qu'en jettant les yeux sur l'instrument, ils parviennent à reprendre la mesure dans le Menuet, &c. lorsque je la leur coupe, & à distinguer l'une d'avec l'autre ; c'est-à-dire, la mesure du Menuet d'avec celle de la Contre-Danse.

---

dans la note (20), & son nom est Boiteuse ; elle se bat à un tems, quand elle est marquée par le terme de *prestissimo*, comme je l'ai dit.

La marche se bat à deux tems, & son mouvement doit être bien marqué.

Le Rigaudon est d'un mouvement un peu vif.

RÉFLEXION

RÉFLEXION SUR *LE MENUET* ET SUR *LA CONTRE-DANSE.*

LE Menuet, comme je l'ai dit, l'emporte ſur toutes les Danſes. On peut le comparer à celles que les Lacédémoniens appelloient Danſes de l'innocence, ou à celles que les Romains nommoient Danſes de l'hymen. Les unes & les autres n'exprimoient que des paſſions honnêtes ; elles ne reſpiroient que la douceur & la décence. Notre Menuet a le même avantage ; il y joint celui de peindre l'amour modéré & embelli par une aimable dignité. Rien n'eſt plus propre, je l'oſe dire, à donner aux jeunes gens cette aſſurance qui ſied ſi bien, quand elle n'approche point de la licence,

& cette contenance qui séduit, enchante, & dispose à l'estime. Par quelle fatalité une pareille Danse est-elle négligée? Un Philosophe en trouveroit peut-être la cause dans les mœurs actuelles qui influent principalement sur les plaisirs. Pour moi qui ne dois rien blâmer, je me contenterai de représenter au public, & sur-tout aux parens, qu'il est à craindre qu'ils ne fassent un tort réel à leurs enfans, en leur permettant de quitter trop tôt le Menuet, & en ne veillant pas à ce qu'ils s'y exercent fréquemment, lorsqu'ils sont sortis des mains de leurs Maîtres.

Je profiterai aussi de cette circonstance pour soumettre au jugement du public & aux Virtuoses de l'Opéra, dont la réputation est si méritée & si généralement répandue, quelques idées pour la plus grande perfection de la Danse du Menuet. On sait que la composition musicale du Menuet doit être de 4, 8, 12, 16 mesures, &c. c'est-à-dire de quatre, ou d'un multiple de quatre. MM. JJ. Rousseau & d'Alembert, en ont donné cette définition : le premier ajoutant, que les divisions principales devoient être faites avec le même soin, & que l'attention du Musicien devoit être de faire sentir, par des chûtes bien marquées, ces divisions par quatre, pour aider l'oreille du Danseur, &

le maintenir en cadence. On ne peut trouver de regles plus ſatisfaiſantes & mieux exprimées. C'eſt d'après elles qu'ont été compoſés les excellens Menuets de MM. Rameau (34), Mondonville, le Clerc, Cupis, Exaudet, Colleſſe, Lemaire, Aubert, Alexandre, Gluck, & autres ; mais tous les Compoſiteurs ne ſe ſont pas aſtreints à ces regles. Nous avons des Menuets dont la totalité des meſures n'eſt pas un multiple de quatre. Je parle de ceux qui ont 18, 22, 26, 30, 34 & 38 meſures : il eſt donc impoſſible qu'ils ſoient multiples de quatre dans toutes leurs quantités partielles, puiſque, comme on le ſait, il n'y a dans chaque Menuet que deux diviſions, qui chacune ſont répétées deux fois. Enfin, il y en a qui ſont bien multiples de quatre dans la totalité, tels que ceux de vingt meſures, mais dont les diviſions péchent contre les régles, chaque diviſion ayant dix meſures. Je demande s'il ne ſeroit pas avantageux de retrancher de la Danſe, ces Menuets qui ſe trouvent vicieux, & je me fonde ſur ce qu'il eſt impoſſible, en les ſuivant, que chaque phraſe muſicale

---

(34) Nous devons à ce grand homme le goût de la Danſe, par les beaux airs qu'il nous a donné dans ſes Opéra.

ſoit marquée par le Danſeur. Pour établir cet accord qui me paroît deſirable, il ſeroit bon que les Violons commençaſſent l'air du Menuet dans le moment que les Danſeurs ſeroient en place; qu'après avoir laiſſé paſſer les quatre premieres meſures muſicales, le Danſeur ôtât ſon chapeau, en employant quatre autres meſures; que ce même nombre de meſures fût obſervé pour la révérence (35 ; qu'il en fût de même pour gliſſer le pied, ſe faire face & baiſſer le bras; que la deuxieme révérence enfin ſe fît également en quatre meſures. Alors commenceroient l'eſpece de tour que fait la Dame, l'eſpece de demi-tour que fait l'Homme en la conduiſant par la main, ce qui emploie huit meſures; & les deux pas de côté qui ſe font en-

---

(35) Anciennement, après avoir ôté ſon chapeau, l'on préſentoit la main à ſa Dame, avant de faire la révérence du Menuet. C'eſt une de ces coutumes malheureuſement paſſées de mode, & que le bon goût ne ſauroit trop tôt rappeller. Il n'en pourroit réſulter qu'un double avantage; car ce début noble & majeſtueux ajoutant un nouvel intérêt à la Danſe du Menuet, mettroit tout à la fois les perſonnes qui le feroient avec grace, à portée de faire naître une opinion favorable de leurs talens. J'en appelle ſur cet article, ainſi que ſur bien d'autres, au jugement du public connoiſſeur.

ſuite à droite, & qui occupent quatre meſures, au moyen de quoi les Danſeurs ſeroient toujours alternativement à la fin de chaque phraſe, ou chaque repos à l'une des extrêmités, ou dans l'un des angles du Z, dont le Menuet fait la figure. Cette préciſion, dans la ſituation, eſt, on ne peut plus ſatisfaiſante pour le Danſeur, & pour l'homme de goût qui eſt ſpectateur : elle peut contribuer auſſi à rappeller l'attention de l'un des Danſeurs, s'il lui arrivoit de perdre ou d'anticiper quelques meſures. Les Menuets faits ſuivant ces régles, & qui s'accorderoient avec cette pratique, concilieroient la Danſe & la muſique, & phraſeroient dans l'une comme dans l'autre (36). Il eſt vrai, & c'eſt la ſeule objection qui ſe préſente à moi, qu'en ne faiſant que trois pas, ſuivant l'uſage, pour donner la main gauche, y compris le pas grave, & revenir à ſa place, la phraſe ou le repos ne ſeroit pas terminé ; c'eſt, à ce qu'il me paroît, le ſeul inſtant où la Danſe ne ſuivroit pas la Muſique. Afin d'y remédier, je propoſerois

---

(36) Voyez la page 19 de la ſeconde Partie, N° 1 & 2, pour le commencement du Menuet & la figure, ſuppoſant la révérence faite : l'Homme eſt déſigné par la lettre **H**, & la Femme par celle **M**, & le petit V marque la préſence du corps.

d'ajouter dans cet endroit l'équivalant d'un pas de Menuet, par une pirouette d'un quart de tour à gauche du pied droit, & par un coupé du pied gauche en avant, ce qui feroit le parallele du balancé en usage lorsque l'on finit de donner la main droite (37). Si je ne me trompe point, avec cette petite précaution, & quelques autres que le goût & la politesse peuvent indiquer, comme de rétablir l'usage des gants & du chapeau sur la tête, &c. la Danse du Menuet seroit noble & parfaite. Les personnes qui voudront connoître la régularité ou l'irrégularité de la composition musicale d'un Menuet, n'auront qu'à le battre sur le cinquieme moyen. S'ils finissent chaque division par battre de la main gauche, le Menuet sera bon ; autrement il sera vicieux (38).

Au surplus, quelque préférence que mérite le Menuet, quand il est bien composé & bien dansé,

---

(37) Il est à observer que le Danseur & sa Danseuse doivent se trouver tournés au $\frac{3}{4}$, après le second pas en avant, afin d'être tournés tout-à-fait à la fin de leur pirouette, pour faire le coupé en face. *Voyez* la page 20. N°. 4. Le B désigne le Balancé, le P, Pirouette, & le C, Coupé.

(38) *Voyez* le 5e Moyen, *page* 16. *Voyez* aussi les deux Menuets notés, *page* 18 de la seconde Partie, dont le premier est bon, & le second vicieux.

je ne penſe pas qu'il doive éclipſer toute autre eſpece de Danſe. Je ſais que dans les arts, & ſurtout dans les arts agréables, il eſt dangereux d'admettre un genre unique qui exclue les autres. Ainſi, après avoir inſiſté ſur la ſupériorité du Menuet, je dirai que les Contre-Danſes ne doivent pas être rejettées ; qu'elles inſpirent la gaieté ; qu'elles communiquent la joie & une eſpece d'égalité ; qu'elles peuvent être d'une grande reſſource dans une ſociété nombreuſe, & qu'elles peuvent même augmenter la force du corps. Je voudrois ſeulement qu'on ne permît aux jeunes gens de s'y livrer, que lorſqu'un long exercice du Menuet a développé toutes les graces dont ils peuvent être pourvus. Peut-être ſeroit-il auſſi à deſirer que l'envie d'imiter les Étrangers ne nous portât pas uniquement vers les Contre-Danſes Allemandes & Angloiſes, qui ne ſont compoſées que de ſautillemens & de trépignemens propres à faire prendre au corps de mauvaiſes habitudes ; qu'on y conſervât les révérences & les bienſéances ; qu'on n'y fît point entrer, du moins pour la jeuneſſe, dont on veut former le cœur, des ſituations d'une lubricité outrée, qu'on ne ſouffriroit point dans tout autre tems ; qu'on rappellât l'uſage des Contre-Danſes Françoiſes, dont les expreſſions ſont moins fortes, & les mouvemens mieux reglés; & enfin qu'on n'oubliât pas entierement nos anciennes Danſes figurées, qui étoient pleines d'agrémens, telles que la Mariée, la Forlanne, l'Aimable Vainqueur, l'Allemande-Françoiſe, le Menuet de la Reine, le Menuet-Dauphin, &c.

FIN.

SECONDE

PARTIE,

Contenant des Airs de différens mouvemens, pour exercer l'Oreille à la Mesure, dans le Menuet & dans la Contre-Danse.

Par M. BACQUOY-GUÉDON, ci-devant Danseur du Théatre François.

Gravés par Madame CROISEY.

Airs.
Servant pour Exerçer à la Mesure du Menuet.
Pr. Air.
Marqué
2e. Air.
Marqué
3e. Air.
Marqué
Tournez pour le 4e Air
le petit trait qu'il y a sur
les blanches designe qu'il faut marquer le poussé de l'archêt

4e. Air.
Marque
5e. Air.
moins lent
6e. Air.
moins lent
Majeur
Menuets
Mouvement ordinaire et forte
Mineur
piano
Le petit trait qu'il y à sur les Noires désigne qu'il faut marquer le poussé de l'archet

tournez pour le 4 m

4e Menuet
Majeur forté
1 2 3
Mineur piano
D C au Majeur
5e Menuet
4 5 6
Rondeau
fin
D C jusqu'au mot fin
6e Menuet
1 2 3 4 5 6
fin

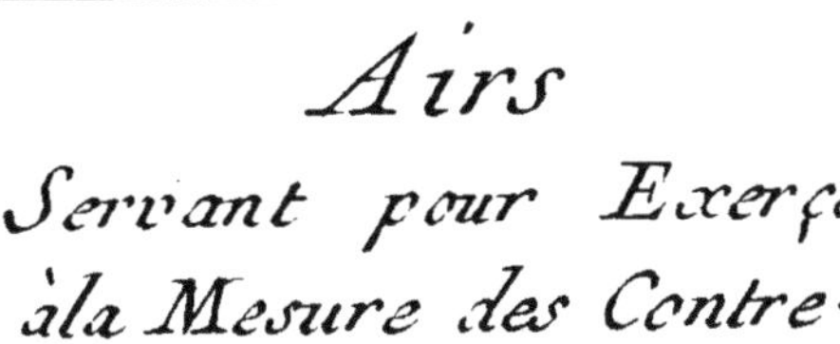

1r Air

lent et marqué

2e Air

lent et marqué

3e Air

marqué

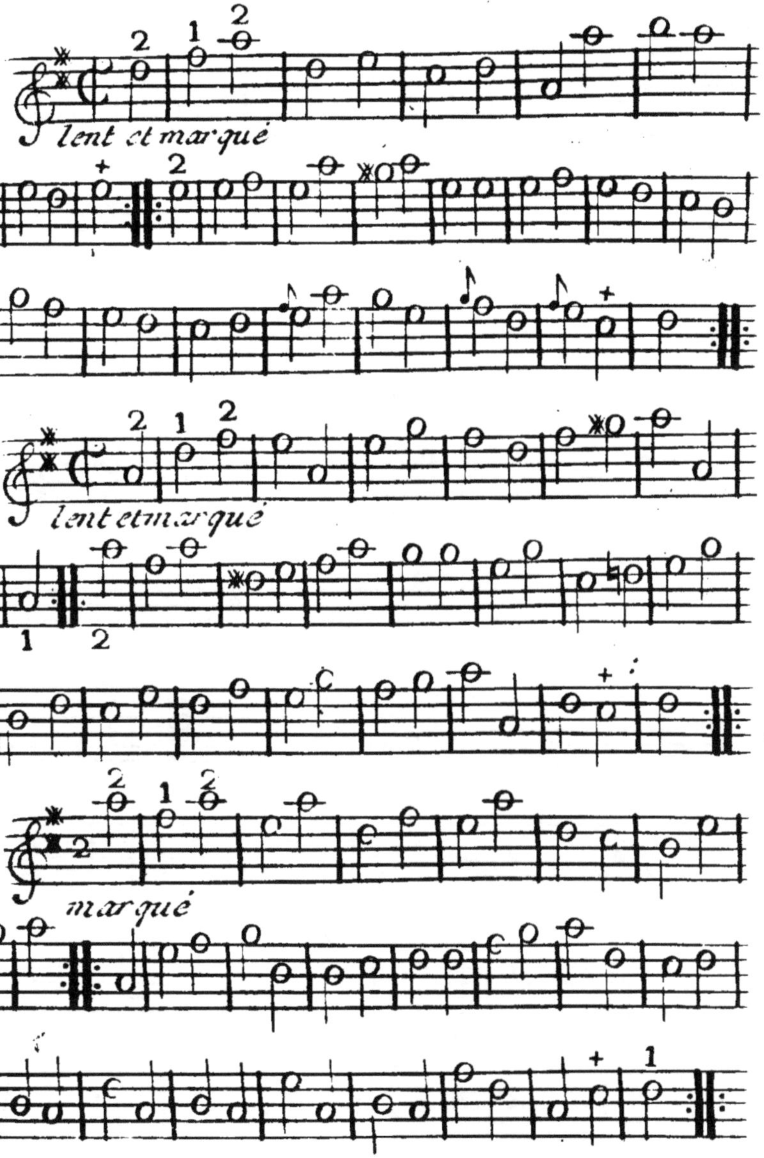

Tournez pour le 4e

4e Air
unpeu moin marque
Rondeau
fin
dacapo
jusqu'au
mot fin
5e Air
unpeu plus gai
6e Air
gayement
Contre-
danse
moderement forte

mineur
piano
D C au majeur
2e Contre-danse
majeur forte
mineur piano
D C majeur
3e Contre-danse
Majeur forte
Mineur
piano
D. C au Majeur

4e Contre-danse
Majeur forte
Mineur
piano
dacapo au majeur
5e Contre-danse
forte
F
P
6e Contre-danse
forte
F
P

L'on prend le Moyen Ordinaire Pour le Menuet

Pour le moyen ordinaire du Menuet, voyez la page 10 de la méthode

un peu vite
Passepied
Majeur forte
Mineur
piano
dacapo au Maj

11
l'on prend le Moyen Ordinaire
pour la Contre-danse
forlane
Majeur
gravement forte
Mineur
piano
D Ca au Majeur
pour le moyen ordinaire de la contre-danse, voyez les
page 20 et 21 &c de la methode

rondeau
Contre-danse françoise
Majeur forte
fin
dacapo
Mineur.
piano
fin
D.C au majeur

Rondeau
Contre-danse Angloise
Majeur forte
P
F
fin
dacapo
Mineur
forte
D C
au Majeur

vite
Contre-dance
Allemande
Majeur forte
Mineur.
piano
D.C au Majeu

Contre-danse Allemande ou boiteuse

prestissimo forté

fin

dacapo

Mineur

piano

fin

D C Majeur

Marqué

Marche

forte

fin piano

dacapo piano

dacapo

gaiement
Rigaudon
Majeur forte
Mineur
piano
dacapo au Majeur

Menuet Bon.
Modérement forte
piano
F
P
F
P
Menuet Vicieux.
Modérement forte

Tableau du Menuet et de sa Figure, la Révérance supposée faite.

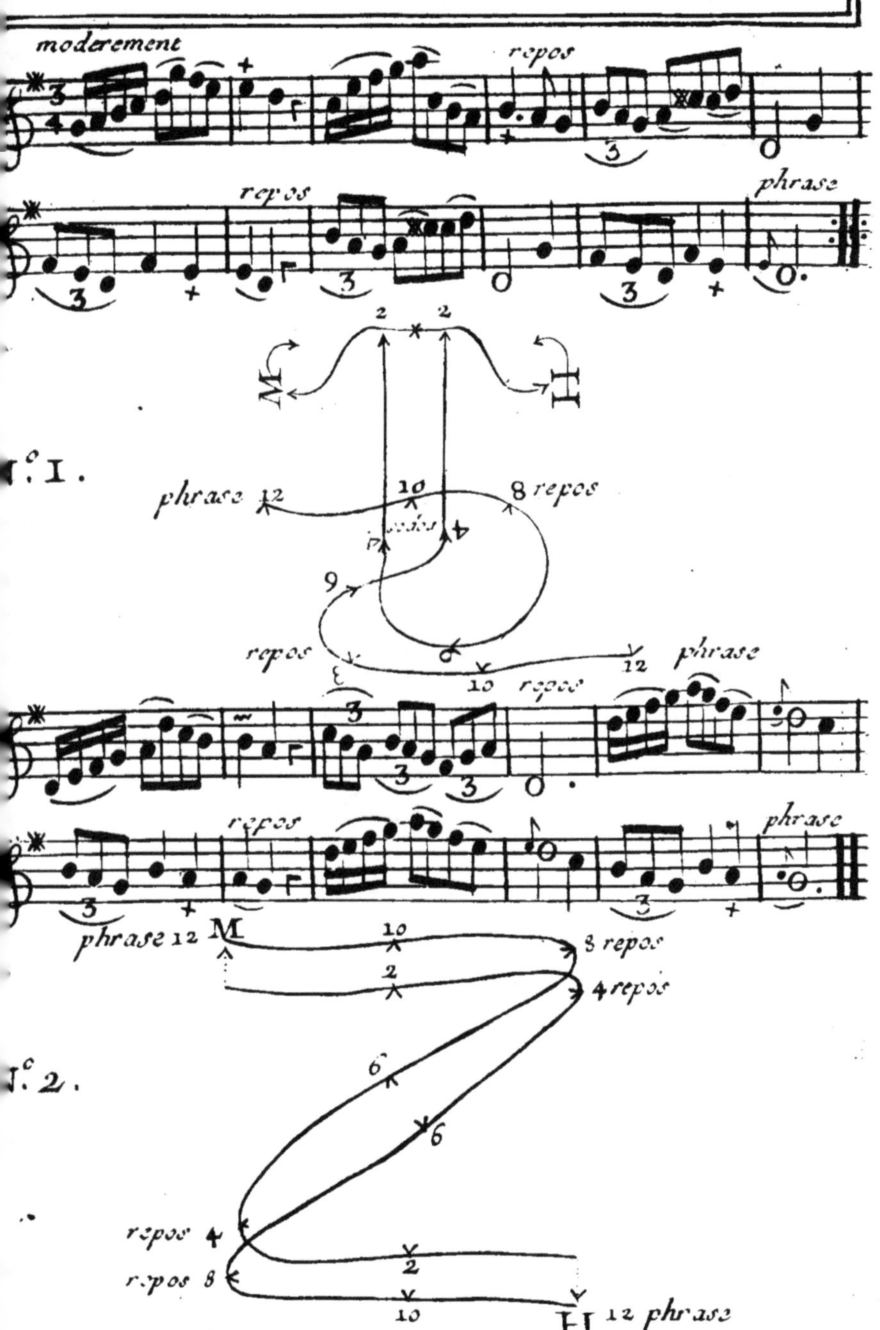

Tableau de la Main droite et de la Main gauch

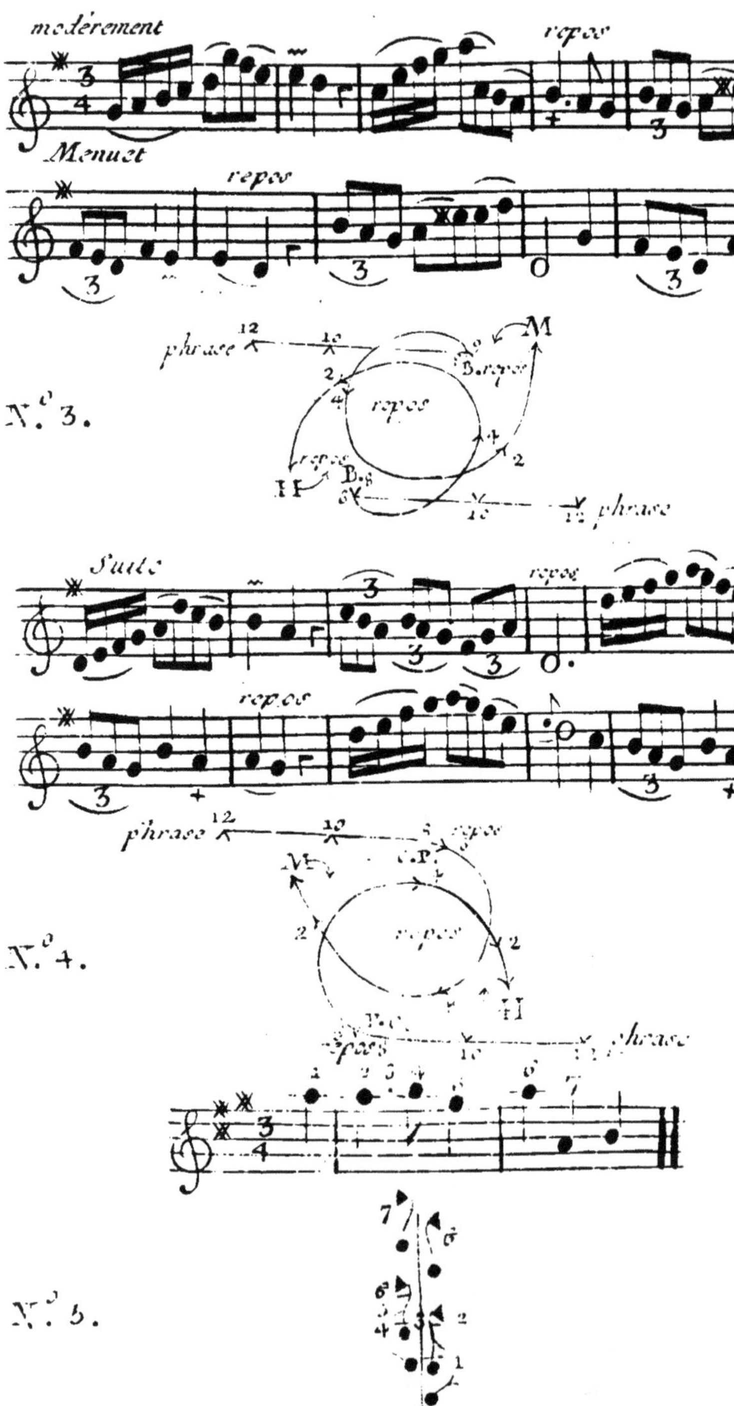

www.ingramcontent.com/pod-product-compliance
Ingram Content Group UK Ltd.
Pitfield, Milton Keynes, MK11 3LW, UK
UKHW021615260726
13994UKWH00003B/1022

9 782329 370569